THE
NATIONAL ART INSTITUTE
TEACHING ACHIEVEMENT
COMPARISON AND RESEARCH
Art Design IV

全国艺术院校教学成果比较与研修

杨瑞洪 等 主编

辽宁美术出版社

图书在版编目（ＣＩＰ）数据

全国艺术院校教学成果比较与研修．美术设计篇．4 /
杨瑞洪等主编．-- 沈阳：辽宁美术出版社，2015.9
ISBN 978-7-5314-6981-0

Ⅰ．①全… Ⅱ．①杨… Ⅲ．①美术-设计-教学研究-
高等学校 Ⅳ．①J-4

中国版本图书馆CIP数据核字（2015）第213142号

出 版 者：辽宁美术出版社
地　　址：沈阳市和平区民族北街29号　邮编：110001
发 行 者：辽宁美术出版社
印 刷 者：沈阳富民印刷有限公司
开　　本：889mm×1194mm　1/16
印　　张：17
字　　数：220千字
出版时间：2016年1月第1版
印刷时间：2016年1月第1次印刷
责任编辑：童迎强
装帧设计：范文南　童迎强
责任校对：李　昂
ISBN 978-7-5314-6981-0
定　　价：245.00元

邮购部电话：024-83833008
E-mail：lnmscbs@163.com
http://www.lnmscbs.com
图书如有印装质量问题请与出版部联系调换
出版部电话：024-23835227

Contents

总目录

美术教育改革是我国目前创新体系建设中极为重要的组成部分，艺术对于创新体系发展来说具有基础性的作用。国家的发展创新体系需要美术教育培养出更多具有创新意识和创造能力的人才。只有拥有创新能力强的人才，才能拥有繁荣昌盛的经济产业链。

美术学科必须注重成果转化，走教学、科研、开发一体化之路。美术学科作为应用学科要想得到更大的发展，必须与社会发展、与经济生活紧密对接，无论哪种专业，如果得不到实践的检验，都不是完整意义上的教育，学以致用，才是美术教育的终极目的。

教育是一种有目标、有计划的文化传递方式，它所完成的任务有两个方面：一是要传递知识和技能；二是使接受教育者身心状态得以提升，进而使接受教育者在为社会创造财富的同时实现自身价值。

然而，长期以来，我们的美术教育模式一直未能跟上时代发展的步伐，各类高等院校在培养美术人才方面一直未能找到理论与实践、知识与技能、技能与市场、艺术与科技等方面的交汇点，先行一步的大家已经在探索一条新的更为有效的教育方法，在他们对以往的教育模式进行梳理、分析、整合的过程中，我们辽宁美术出版社不失时机地将这些深刻的论述和生动的成果集结成册，推出了一系列具有前沿性、教研性和实践性且体系完备的美术基础教学研究与应用系列丛书。

本丛书最大的特点是理论联系实际，深入浅出地讲解，并集结了大量的中外经典美术作品，可以说，是为立志走美术之路的学子量身定制的专业图书，并通过此套图书给各艺术院校提供了广泛的学术交流平台。

Preface

The reform of fine arts education is a crucial part of China's ongoing construction of the innovation system for art plays a fundamental role in the development of the innovation system. China's development and innovation system require fine arts education to cultivate more talents who have innovation awareness and creative ability. A prosperous economic industrial chain is premised on highly innovative talents.

Fine art disciplines must pay attention to the integration of teaching, research, and development. As applied disciplines, fine arts disciplines must be closely linked to social development and economic life to get ahead, whichever specialty, if without being tested by practice, does not constitute a complete education. The ultimate goal of fine arts education is helping one use what one has learned.

Education is a purposive and planned way of transmitting cultures, and the tasks it take are two-fold: First, imparting knowledge and skills; second, improving mind and body of the educatees and then helping them actualize their self-value while creating wealth for the society.

However, our model of fine arts education has fallen behind the times for a long time, various institutions of higher learning have not founded the convergence of theory and practice, knowledge and skills, skills and market, art and technology. Whereas pioneer masters have been exploring new and more effective ways of educating. When they are systemizing, analyzing, and integrating previous educational modes, Liaoning Fine Arts Publishing House loses no time to compile their sophisticated discourses and energetic results into books, launching a series of cutting-edge, academic, practical, and perfectly systematic books on teaching research and application for fine arts.

The greatest feature of this series is that it combines theory with practice, explains the profound in simple terms, and includes a number of classic works of art home and abroad. So to speak, they are specialized books tailored for students who aspire to be an artist and they provide a broad academic exchange platform for art academies.

THE NATiONAL

ART INSTITUTE TEACHING ACHIEVEMENT COMPARISON AND RESEARCH

01

雪域意象·卅年传薪" 2015阿坝师范学院师生作品集

杨瑞洪 主编

雪域意象 卅年传薪

2015 阿坝师范学院师生作品集

辽宁美术出版社

展览内容和规模

第一部分：阿坝师范学院教师优秀作品展

阿坝师范学院美术系教师团队，由来自四川美术学院、天津美术学院、云南艺术学院、清华大学美术学院、四川大学文学与艺术学院、四川师范大学美术学院、西南大学美术学院、西华师大美术学院、云南理工大学艺术设计学院、重庆师范大学美术学院等全国知名艺术学院的本科与硕士研究生构成。

参展的教师有扎根阿坝高原三十余年的老教师，有近几年加入阿坝师院美术系的中青年教师。他们在教书育人之余，投身于艺术创作之中，深入挖掘藏羌民族文化艺术的精髓，传承创新民族艺术。其作品题材与形式既有当代性，又彰显出强烈的西部特色，表现出画者对西部、对高原的感悟和理解，并呈现出他们强烈的个人艺术语言特征。

此部分展出作品 114 件。

第二部分：阿坝师范学院校友优秀作品展

从 1987 年招生至今，已近三十年。无数阿师美术学子在教育教学、艺术机构、画院、艺术设计公司、文化馆以及各行各业成绩斐然。无论他们现在是院长、校长，还是董事长、总经理，或者是设计师、教学名师，当他们拿起画笔进入创作之境时，才是他们真实自我的完整体现，我们从他们的作品中可以感受到在艺术创作中具有的国际视野，以及当代性和地域性的完美结合。

此部分展出作品 30 件。

第三部分：阿坝师范学院在校学生优秀作品展

这部分主要展示阿坝师范学院美术系各工作室师生的教学成果。

工作室教学与班级教学结合，是美术系进行高等美术教育改革的探索与实践中所做的有益尝试，成果丰硕。展出的是绘画工作室、藏羌工艺品设计工作室、祥巴版画工作室、呐波艺术工作室、纤维与手工艺工作室等工作室学生在导师的指导下，创作的艺术作品，在国际、国内的各种艺术大赛、展览中，荣获了多项大奖。

此部分展出作品 75 件。

雪域意象 卅年传薪

组织委员会：

顾　　问：蒋东升　朱世宏　刘作明　杨克宁　马洪江　凌道明

主　　任：毛　英

副 主 任：甲　任　肖幼林　马昌威　沈　云

委　　员：梁建东　赵晓雨　杨瑞洪　邓汉平　杨兴江　杜文意
　　　　　黄　洋　乐齐弘

主办单位：

四川省文联　《现代艺术》杂志社

阿坝师范学院　　　　阿坝州文联

承办单位：

文轩美术馆　　阿坝师范学院美术系　　阿坝州美术家协会

协办单位：

立方国际·像素艺术空间·清源际艺术中心·斯为美术馆·浓园
国际艺术村·川味中国·成都红森德国际创意设计联盟·成都玛
洛卡文化传播有限公司

展览执委会：

主　　任：杨瑞洪

副 主 任：杜文意　　黄丽洋

展览事务：乐齐弘　　马小勇　　李　寅　　孔　一

视觉设计：薛阳春　　刘少勇　　段　丽　　张　宇

文案梳理：大唐卓玛　张的宇　　罗永禄　　张雪梅

宣传推广：杜文意　　周相兵　　叶小军　　焦　凤　　魏　巍

媒体支持：

《中国艺术家》、《四川文艺》、《华商报》、《阿坝文艺》、《四
川美术》、四川电视台、雅昌艺术网、西部网、99艺术网、博宝
艺术网、中国美网、网易、中国大学生艺术网

展出时间：

2015 年 06 月 19 日至 06 月 24 日

展出地点：

文轩美术馆（中国成都世纪城 新国际会展中心 208-1-1）

一场藏羌文化的视觉盛宴

　　呈现在我们面前的这个展览，无疑是一场藏羌文化的视觉盛宴。这是阿坝师范学院美术系建系 28 年来，第一次集系里的教师、历届优秀毕业生和在读学生作品的一次大型作品展示。而作为阿坝藏族与羌族自治州的一所高等学府，其身处的自然与人文环境，也在自然与自觉中形成其美术教育和美术创作的鲜明特色。这个特色是如此的鲜明和独特，使该校的美术教育及其创作呈现出一种独一无二的价值，并与全川乃至全国的美术教育及创作特色相区别。

　　展览集绘画创作和艺术设计为一体，呈现出相当的丰富性。国油版雕无所不有，环境艺术平面设计乃至服装设计亦一应俱全。在这个展览中，雪域高原与山地藏羌文化的主题让我们耳目一新。而风格样式上突出的藏羌文化独特而鲜明的特色，融汇于全部的绘画创作与艺术设计中让我们更感兴趣。作品中或者有着雪山草地的雄浑苍茫，或者是佛教艺术民居服饰的富丽堂皇，或者是藏羌神话传说的浪漫想象，或者有着战胜地震灾害的英雄气概与崇高……

　　我们也欣喜地看到，这种对藏羌历史文化的学习与借鉴，是伴随着自觉的当代意识而进行的。这里有对藏羌文化符号的提炼，有对民族艺术视觉规律的总结与运用，当然，更有着立足当代的需要，立足自我感悟的传达，运用当代的艺术观念和多种全新手段对藏羌文化和民族艺术的吸收借鉴、转化与创造。这种自主自信一以贯之的艺术教育和创作的观念与成功实践，使阿坝师范学院美术系在艺术教育与创作实践上取得了丰硕的成果。呈现在这个展览中的藏羌文化的盛宴，就是一个有力的证明。

　　祝"雪域意象 卅年传薪"大展成功。

　　祝阿坝师院美术系蒸蒸日上。

2015 年 6 月

雪域意象 卅年传薪

—— 贺阿坝师范学院师生美术作品展

阿坝师范学院（原阿坝师范高等专科学校）美术系成立于 1987 年，是省内同类院校中最早创办美术专业的院系之一。作为阿坝藏族羌族自治州的唯一高等学府，美术系建系以来，一直立足西部民族地区，以传承创新民族文化艺术为己任，坚持"包融互动、传承创新"的办学理念，树立"德高、艺精"的育人思想，以"艺术生活、多彩人生"作为文化建设理念，致力于将传承地方文化与专业建设相融合，着力培养"跨文化、能动手、善创新"的应用型美术人才。

28 年一路走来，美术系与学院一同成长，从小到大，从弱到强，现已形成有美术教育、艺术设计两个独立专业，并涵盖美术学、环境设计、数字媒体艺术、装饰艺术设计等多个方向的较为完备的美术教学格局。在教学改革方面，美术系以特色创新作为课程建设和师资团队建设的抓手，成立了藏族祥巴（版画）工作室、藏羌旅游工艺品设计与制作工作室、呐啵（羌语，一切美好）艺术工作室、藏羌造型艺术研究中心等艺术研究机构，把藏羌彝等民族文化艺术融入教学、科研及美术创作之中。在艺术教育的现代性方面，成立了数字媒体艺术工作室、纤维艺术工作室（手工实训室），将工作室教学与班级教学结合，很好地解决了艺术类学生因材施教、分层次进行美术人才培养的问题。

在学院建设发展走向新辉煌的重要历史时刻，美术系举办师生优秀作品展，既是美术教育丰硕成果的精彩展现，又是献给学校由专科走向本科转型升级的一份厚礼。无论过去、现在还是未来，学院的发展永远凝结着美术系老师、学生及校友们的付出与奉献。知识转化为能力才会有力量，艺术蜕变为作品方可化人，坚持正确的办学方向，美术教育将会迎来新的春天。

在这个愉快而充满希望的时刻，我衷心祝愿展览成功。

2015 年 6 月

目 录
CONTENTS

学生优秀作品

教师作品

杨瑞洪　珠穆朗玛 No.1
油画 150cm × 200.5cm

杨瑞洪　高原·风 No.1
油画 160.5cm×160cm

杨瑞洪　　高原·阳光 No.2
油画 120cm×120cm

杨瑞洪　夜幕降临
油画 150cm×200cm

杨瑞洪　高原·阳光 No.1
油画 120cm×120cm

杨瑞洪　诺日朗·冬
油画 180cm×320cm

彭代明　蓝羌山·父老乡亲
油画 180cm×200cm

彭代明　红高原·瓦钵山
油画 120cm×150cm

彭代明　红高原·瓦钵山之二
油画 120cm×150cm

彭代明　红高原·荞花沟
油画 150cm×180cm

彭代明　蓝羌山·红高原之八
油画 97cm×135cm

彭代明　蓝羌山·红高原之九
油画 97cm×135cm

罗晓飞　岷河皑雪

油画 160cm×70cm

罗晓飞　羌山落雪·牛与人
油画 102cm×120cm

罗晓飞　羌山落雪·走巷子

油画 102cm×120cm

罗晓飞　羌山梨花
油画 160cm×80cm

罗晓飞　山野花香1
油画 160cm×70cm

罗晓飞　山野花香2
油画 160cm×70cm

乐齐弘 湿地晨光
油画 120cm×120cm

雪域意蕴 卅年传薪

乐齐弘　水云晨光
油画 120cm×120cm　2013

乐齐弘　薄雾流水
油画 120cm×120cm

乐齐弘　护佑
油画 200cm×200cm

雪域意象 卅年传薪

乐齐弘　空山喜悦
油画 120cm × 120cm

乐齐弘　水磨烟云
油画 直径 60cm×6

大唐卓玛 圣地·阿坝之二

油画 100cm×120cm 2012

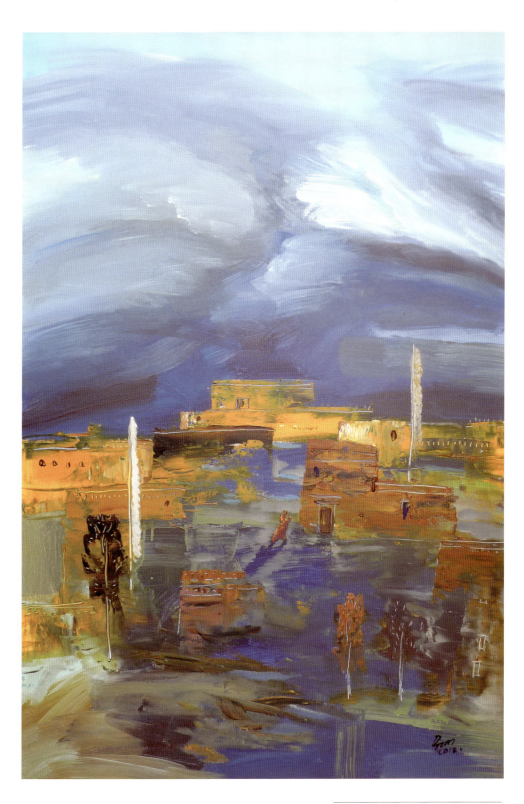

大唐卓玛 藏风景·灵域
油画 120cm×80cm 2012

大唐卓玛 西域·遗梦之一
油画 100cm×120cm 2013

大唐卓玛　藏风景·神座
油画 80cm×160cm

大唐卓玛　藏风景·冬语
油画 60cm×120cm　2013

大唐卓玛　藏风景·秋语
油画 100cm×120cm　2014

黄洋　藏寨冬韵
油画 60cm×150cm

黄洋　春风阁
纸本水彩 75cm × 32cm

黄洋　羌寨春色三联画
油画 130cm×50cm×3

黄洋　羌山梨花开
油画 150cm×150cm

黄洋　秋日晌午
纸本水彩 20cm×30cm

黄洋　秋意浓
纸本水彩 75cm×23cm×2

雪域意象 卅年传薪

马小勇　初雪之二
油画 80cm×100cm　2014

马小勇　雪域·寂之二
油画 130cm×97cm

马小勇　唐克初雪

油画 60cm × 100cm

马小勇　雪域·寂之三
油画 130cm×97cm

马小勇　雪域·寂之四

油画 130cm×97cm

马小勇　雪域·寂之一
油画 130cm×97cm

刘晓平　巴夺春秋

油画 160cm×200cm

刘晓平　吉鱼·冬

油画 160cm×70cm

刘晓平　垮坡·夏
油画 160cm×70cm

刘晓平 铁邑·秋
油画 160cm × 70cm

刘晓平　铁邑寨之晨

油画 160cm×200cm

刘晓平　增坡·春

油画 160cm×70cm

焦凤 佛说
油画 120cm×120cm

焦凤　静

油画 80cm×100cm

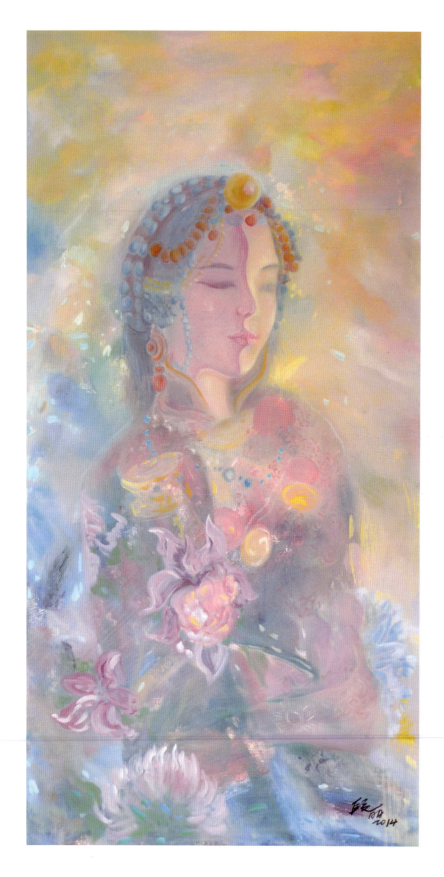

段丽　相思三月 No.1
油画 120cm×60cm

段丽　吉祥·卓玛之一
油画 100cm×100cm

段丽　色·舞之三
油画 160cm×50cm×2　2014

段丽　色·舞之一
油画 120cm×120cm　2014

段丽 色·舞之二
油画 120cm×120cm 2014

段丽　醉花词之一
油画 160cm×120cm　2015

王安澜　重生
数码绘画 160cm×100cm　2015

王安澜　memory
油画 100cm×75cm　2011

局部

王安澜　汶川·阿师512——穿越生死

数码绘画 57cm×300cm　2015.5.12

王安澜　鸥歌
油画 150cm×120cm　2013

谭宗斌　飞翔
油画 120cm×120cm

谭宗斌　乍现
油画 120cm×120cm

谭宗斌　可乐系列
油画 120cm×120cm　2009

王侨　遛狗
油画 100cm×100cm　2015

王侨　山头
油画 130cm×140cm　2014

王侨　盛宴

油画 100cm×100cm　2015

王侨　饮剑

油画 100cm×100cm　2015

郭小菊　驻足

水彩 120cm×150cm　2014

郭小菊　态之一 / 态之二
水彩 76cm×57cm×2

李才彬　大音观音咒－哞

版画 113cm×78cm

李才彬　大音观音咒－嗡
版画 113cm×78cm

王正伟　观景
版画 21cm×21cm

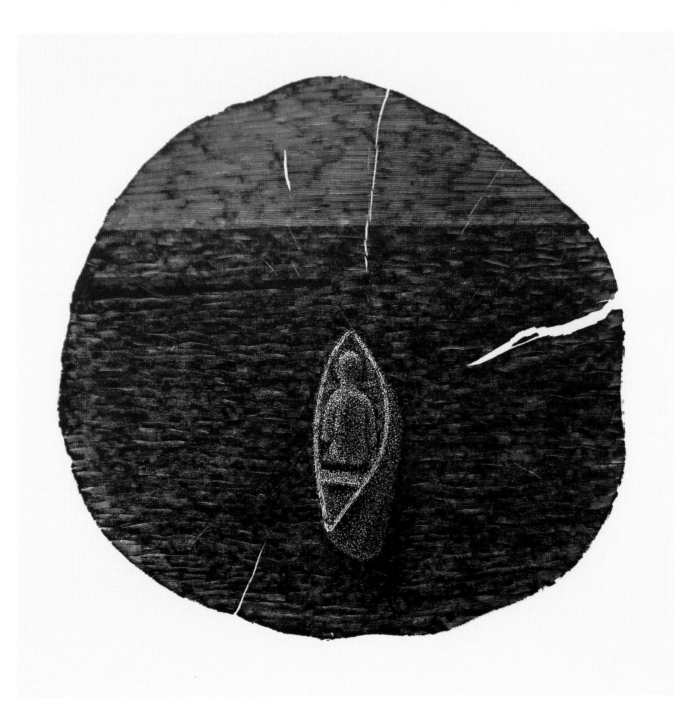

王正伟　远方系列
版画 21cm×21cm

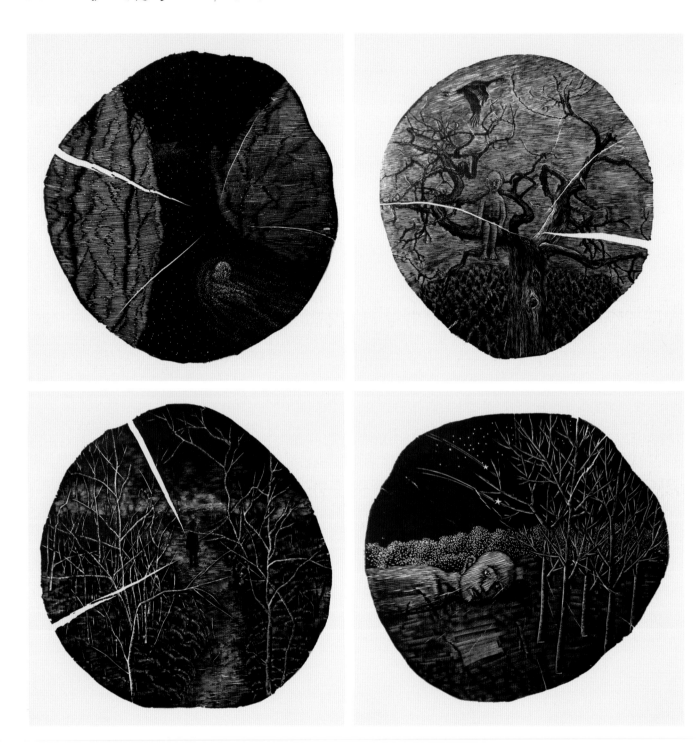

王正伟 神游系列
版画 21cm×21cm×4

何光伟　嘛尼会
国画 120cm×240cm

何光伟　天籁之音3/ 天籁之音2

国画 180cm×97cm×2

何光伟　雄鹰
国画 180cm×97cm

何光伟　雨荷
国画 97cm×180cm

何光伟　晚风颂
国画 68cm×68cm

刘珂　云锁青山绕羌城
国画 80cm×70cm

荷塘月色

山光忽西落
池月漸東上
散髮乘夕涼
開軒臥閒敞
荷風送香氣
竹露滴清響
欲取鳴琴彈
恨無知音賞

時在甲午之冬月
劉珂畫

刘珂　荷塘月色
国画 180cm×90cm　2014

刘珂　西蜀风情
国画 180cm×100cm　2014

刘珂　羌乡风情
国画 180cm×120cm　2013

苏亮　金秋
国画 179cm×98cm

苏亮　蕉林小筑
国画 180cm×97cm

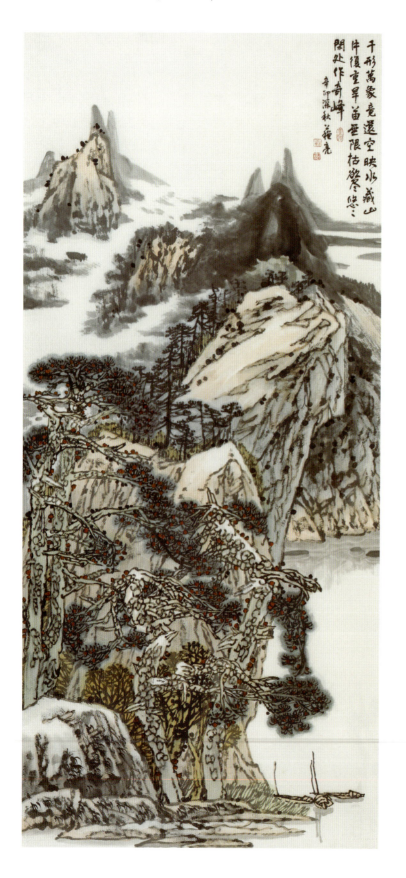

千形万象竟还空 映水藏山 件复重 早苗无限枯焦望 闲处作奇峰

辛卯深秋 苏亮

苏亮　悠悠闲处作奇峰
国画　180cm×97cm

苏亮　印象九寨
国画 180cm×97cm

雪域意象 卅年传薪

母春生　苍崖春色
国画 180cm×97cm

母春生 盐井河秋意 / 蜀汉多奇山，仰望与云平

国画 180cm×97cm / 98cm×50cm

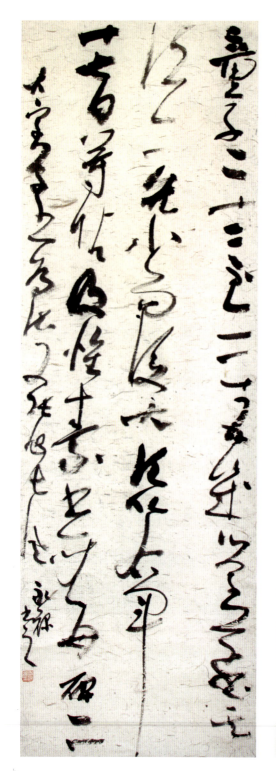

罗永禄
草书 180cm×64cm／隶书 180cm×90cm

罗永禄　闲话图

国画 180cm×90cm

王望　山水图
国画 120cm×20cm

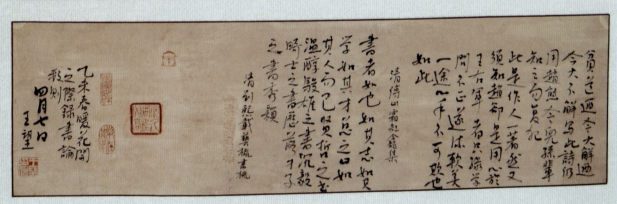

王望　录书论数则
书法 160cm×180cm

黄潜妍　金婚

国画 200cm × 140cm

罗雪梅　日干乔春之韵

国画 120cm×80cm

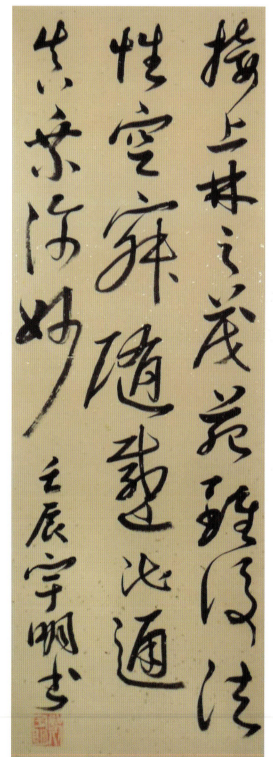

王建磊　印章　　　　郑宇明　书法 150cm×50cm

王雪梅　树静

纤维艺术

王雪梅 树静

纤维艺术

王世琴　森林之歌 01
刺绣壁挂 150cm × 60cm

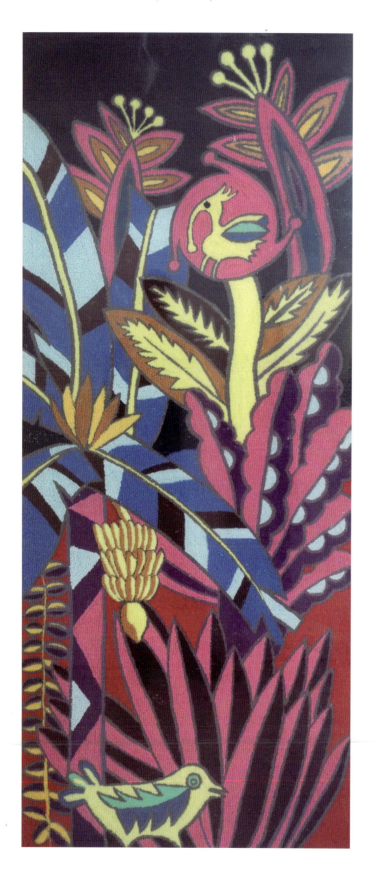

王世琴　森林之歌 02
刺绣壁挂 150cm×60cm

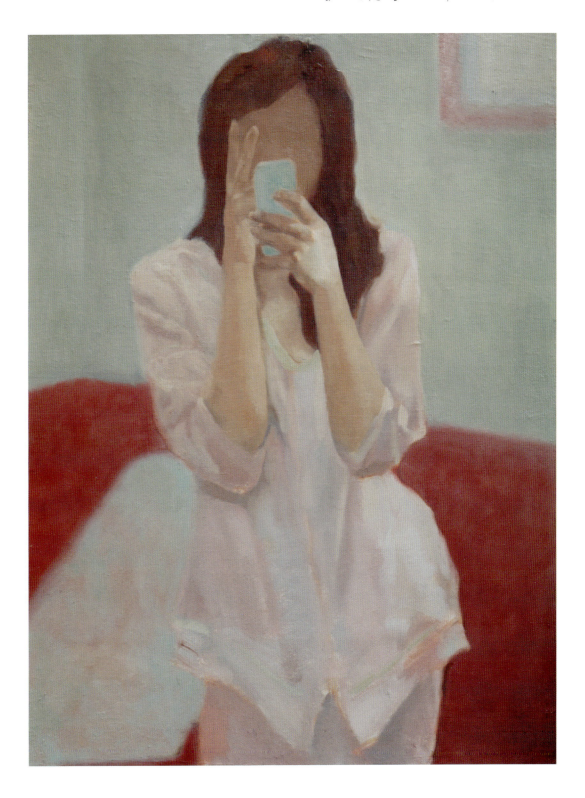

孔一　梦
油画 80cm×60cm　2015

孔一　瑞雪祥兆泥巴沟 / 梭坡夕照

摄影

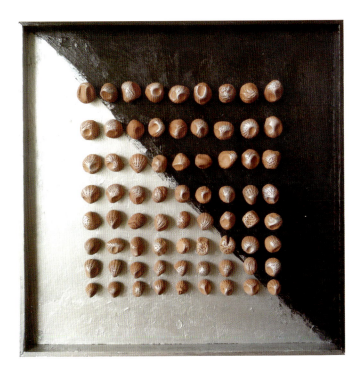

闫社霞　无题 1/ 无题 2
陶 50cm×50cm/70cm×25cm

田俊 和谐家园
木雕艺术 120cm×200cm

李寅　灯具设计／椅子设计

王晶　他们·组雕
雕塑

王晶　他们·组雕

雕塑

叶小军　羌历新年系列

摄影

薛阳春　云
插画 100cm×40cm

校友优秀作品

罗徕 春寂

油画 160cm×100cm×2 2013

吴晓东　春之声 / 晨风

国画 138cm×120cm / 182cm×96cm

范明亮　劳务市场·签约

油画 160cm×200cm

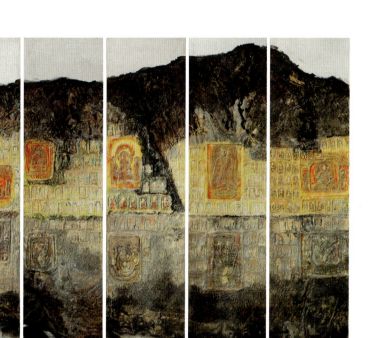

杨光伟　心像系列之一
综合材料 240cm×60cm×8

黄志刚　逝

油画 70cm × 90cm

杨德愚　诱惑2
油画 200cm×140cm

邓永刚　　简爱

油画 130cm×130cm

甘涛　海棠花开

油画 120cm×60cm

杨忠义 水彩小品

水彩 40cm×20cm×9

邵军　山水
国画 100cm×120cm

李冬梅　梨乡春意之一
油画 60cm×60cm　2015

罗纹 *玄月之游*
油画 80cm×120cm

冯文　川西北风景2

油画 80cm×100cm

童乐蓉　和平
国画 150cm×100cm

严则罗利　安详的村落

油画 120cm×120cm

刘刚　谧晨

油画 45cm × 160cm

斯单巴　隔日故雪山

油画 110cm×120cm

曹伟　清明过了春归来
油画 80cm×100cm

李玉霞　羌风·花之遗梦之二
油画 160cm×60cm

陈世刚　嘎相朗·维关
油画 150cm×200cm

彭曦　花落无声
油画 100cm×80cm

张竞玮　花释

油画 110cm×80cm

喻春华　印象羌山
油画 140cm×120cm

张志勇　风雪高原
油画 70cm×150cm

学生优秀作品

阿妈的圣地　马亭亭

祥巴版画 70cm×50cm　指导教师：马小勇

法器·梵音　马亭亭

祥巴版画 100cm×55cm　指导教师：马小勇

法器·佛智　贾凤鸣

祥巴版画 100cm×55cm　指导教师：马小勇

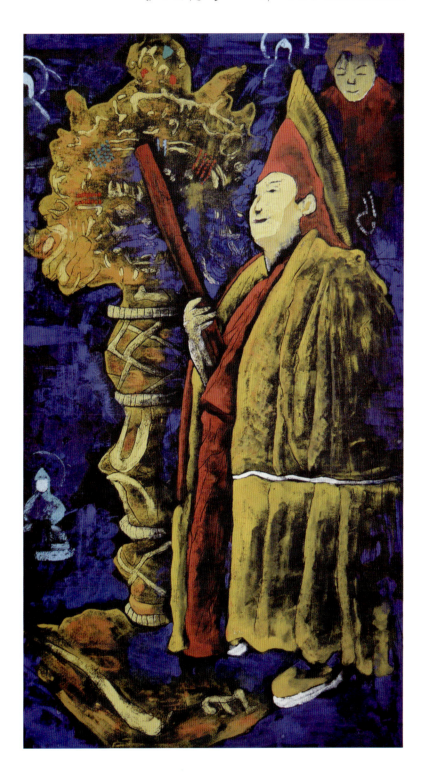

法器·护法　郭桂秀
祥巴版画 100cm×55cm　指导教师：马小勇

吉祥八宝图　马亭亭 王瑶贾 凤鸣董雪萍
祥巴版画 45cm×45cm×4　指导教师：马小勇

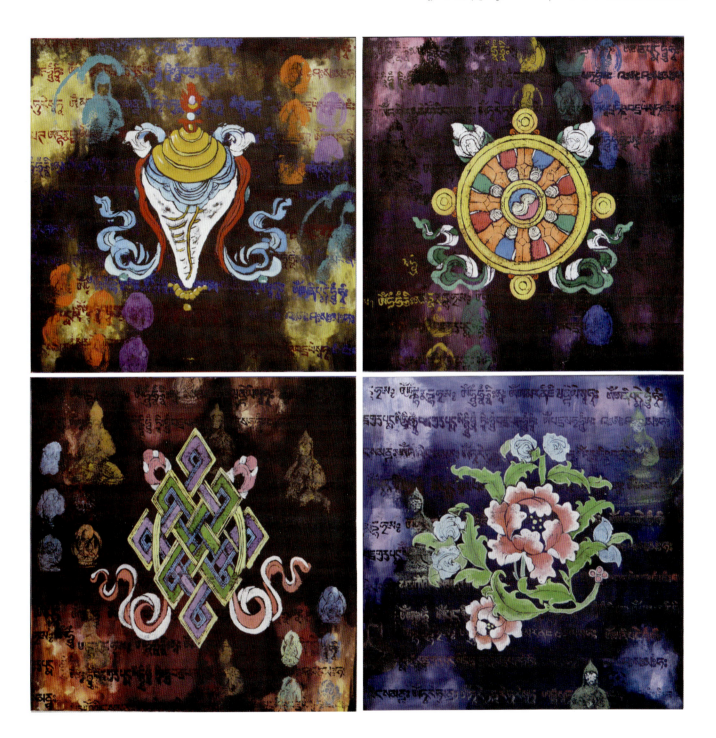

吉祥八宝图　郭桂秀 马亭亭 刘鑫 李阳 赵蓉 杨小群
祥巴版画 45cm×45cm×4　指导教师：马小勇

仰望之一　郭桂秀

祥巴版画 70cm×50cm　指导教师：马小勇

圣塔　董雪萍 刘鑫
祥巴版画 70cm×50cm　指导教师：马小勇

净界　张阳
祥巴版画 70cm×50cm　指导教师：马小勇

逆转　张梦菲
油画 80cm×120cm　指导教师：乐齐弘 杨瑞洪

我　郑涛
油画 80cm×100cm　指导教师：乐齐弘 杨瑞洪

羌山晨雾　王艳玲

油画 130cm×100cm　指导教师：乐齐弘 杨瑞洪

回到未来　　蒲晓雪

油画 100cm×80cm　指导教师：乐齐弘 杨瑞洪

水磨之夏　毛欢

油画 100cm×50cm　指导教师：乐齐弘 杨瑞洪

梦　邓云飞

油画 80cm×100cm　指导教师：乐齐弘 杨瑞洪

沙尔之秋　　赵蓉

油画 80cm×100cm　　指导教师：马小勇

蜕变　梁敏
油画 120cm×150cm　指导教师：马小勇

暮原　田玲

油画 80cm×100cm　指导教师：马小勇

穿过雪原　胡梦菲
油画 100cm×100cm　指导教师：马小勇

静塬　马亭亭
油画 100cm×80cm　指导教师：马小勇

百果汇　李芙蓉
油画 40cm×120cm　指导教师：乐齐弘 杨瑞洪

枯萎　彭红
油画 100cm×100cm　指导教师：乐齐弘 杨瑞洪

羌山魂之二　罗婧
油画 120cm×60cm　指导教师：马小勇

绛·高原　胡梦菲
油画 120cm×70cm　指导教师：马小勇

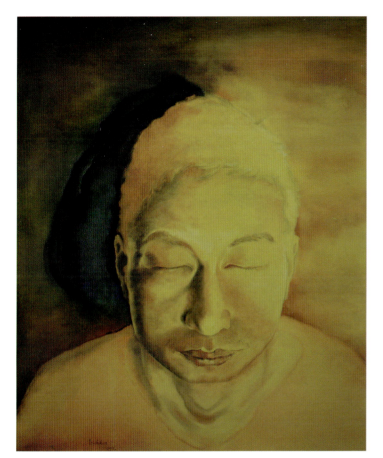

白眼 刘志坤
油画 120cm×100cm　指导教师：乐齐弘 杨瑞洪

岁月 李清晨
油画 110cm×80cm　指导教师：乐齐弘 杨瑞洪

母子 吴天人

国画 129cm×65cm 指导教师：黄潜妍

水磨风景组画 油画

刘燕茹 张小燕 毛欢 木洛拉过 王际燕 苏凌 姚瑶

指导教师：乐齐弘 杨瑞洪

窗　杨媛媛

国画 132cm×66cm　　指导教师：刘珂

双生花　　母永霞

国画 132cm×66cm　　指导教师：刘珂

芬芳　油画 114cm×156cm
李清程 李芙蓉 张梦菲 蒲晓雪 邓云飞 郑涛 张兰 周奕君 张春娟
指导教师：乐齐弘 杨瑞洪

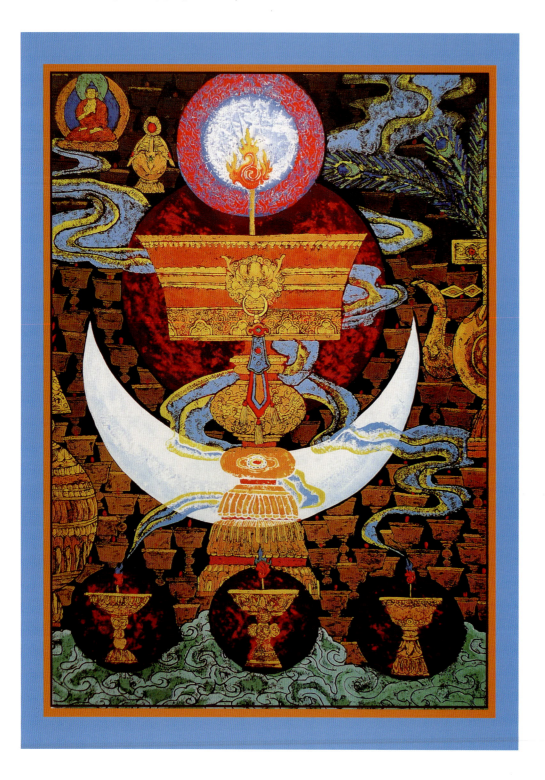

吉祥之一　杨睦田

新唐卡 80cm×60cm　指导老师：唐平

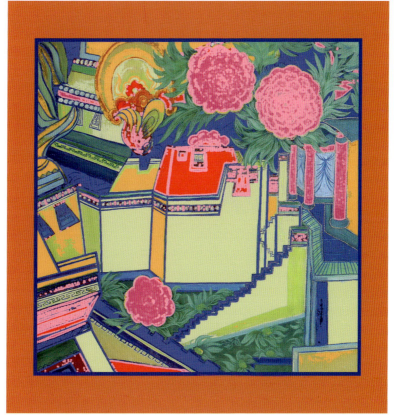

吉祥之二　何云凤
新唐卡　50cm×60cm
指导老师：唐平

扎西梅朵　吴兴敏
新唐卡　50cm×50cm
指导老师：唐平

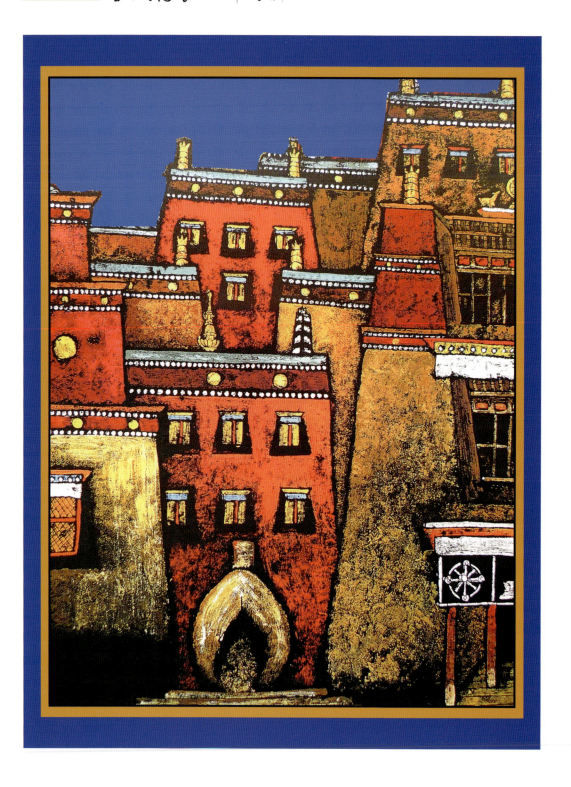

家园　王秋月

新唐卡 80cm×60cm　指导老师：杨瑞洪 段丽

伊姆　唐晓杨
新唐卡 90cm×60cm　指导老师：杨瑞洪 段丽

藏地·图腾　李清程
新唐卡 90cm×60cm　指导老师：杨瑞洪 段丽

面具 01/02　漆画 60cm×60cm×2
吴泓潘 郑涛 唐诗涵 刘雨润 张智洋 廖雪梅　指导老师：刘晓平

熊猫·咪咪　王恒

新唐卡 90cm×60cm　指导老师：杨瑞洪 段丽

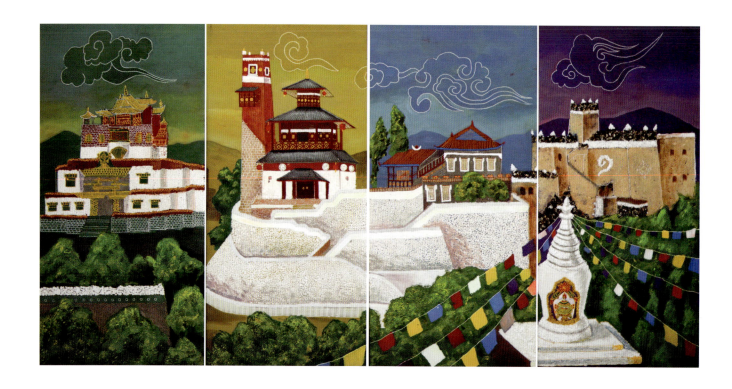

水磨古镇 漆画 122cm×244cm

李清程 罗平 孙堂静 王恒　指导教师：杨瑞洪 段丽

木姐珠与斗安珠组画 漆画 60cm×60cm×4

吴泓潘 郑涛 唐诗涵 刘雨润 张智洋 廖雪梅 指导教师：刘晓平 彭代明

室内设计手绘

郭松 / 柏乐天 / 何欲希 / 黄湘凯　指导老师：段丽

室内设计手绘

胡良雪 / 李浩 / 刘宏康 / 马龙沛　指导老师：段丽

雪域意蕴 州年传薪

室内设计手绘

谭婷/肖江/杨彬霖/杨科　指导老师：段丽

室内设计手绘

郑松／周欢／朱雄／周小翠　指导老师：段丽

椅子设计　王云　　沙发设计　　马龙沛
指导老师：段丽 田俊　　指导老师：段丽 田俊

02

陈良装饰艺术作品集

陈 良 著

tHE nAtiOnAL

ART INSTITUTE TEACHING ACHIEVEMENT COMPARISON AND RESEARCH

目录

装点生活的艺术

中国的装饰艺术有着极深的文化、艺术、历史内涵。在中国几千年的历史长河中，积累着丰富的文化遗产，其中装饰艺术在中国的历史进程中起着举足轻重的文化传承作用。它从自身的发展过程中将我国的历史发展无声地、完整地进行了记录，它不仅是艺术的展现，更是人类文化历史的记录。

装饰绘画作为装饰艺术的一种表达手段，也是表达美的一种绘画形式，相对于真实性绘画而言，真实绘画重客观世界物象的真实描绘，而装饰绘画是一种具有具象、抽象、意象并介于绘画和装饰之间的艺术表现形式。它的艺术语言特征是艺术夸张，最显著的特点是非自然形态的主观造型变形，色彩夸张、形态夸张。比如，在古代，附属在彩陶、青铜等器皿上图案纹样的动物纹、人纹、几何纹都是经过夸张变形、高度提炼的图形。目前这种装饰性的绘画形式也经常用于年画、壁画、招贴等，形成了一种具有民族特色、有图案规律的绘画形式。在装饰绘画的风格上经过绘画长期的历史发展已经形成了多元化趋势，其内容承载着艺术家的主观情感和审美情趣，在创作过程中一般多采用合理的夸张、生动的比喻、巧妙的想象，甚至全是幻想进行构思创作。在表现形式上，它讲求多空间、多形式的组合，可以不受时间、空间的限制，可将不同的时间、不同的地点、不同的人物、不同的情节故事、不同的季节变化组合在一起构思创作。因此可以看出装饰绘画具有可变性及独特性。

说起装饰绘画中的造型，大多来源于生活。选择的题材多样化，造型的手法与尺度也没有固定的模式，装饰绘画的造型特征一般讲求规律美、秩序美、平面美、空间美以及结构美。它是一种在可视的形象中讲求秩序、规律，以产生视觉上的韵律感、节奏感，给人以赏心悦目的自然美，它如律诗中韵脚、平仄、对仗所构成的音乐般的和谐美。但是在归纳新的艺术造型过程中也要讲究艺术秩序，在造型上体现平面化，这不仅为了更好地表现对象，选取富有形象特征的角度去造型，而且通过平视的造型方式，抓住外轮廓线所形成的剪影，从而形成具有现代气息的装饰艺术形态。另外，考虑到装饰绘画造型的整体性，艺术家在创作时也要体现空间美和结构美，其艺术形象是有形无象的抽象形也是自然形象的结构美。总而言之，装饰绘画的造型特征形式法则是灵活多样的，只有艺术家在创作过程中因创作意图和创作手法的不同而各有差异，不能一概而论。

说到装饰绘画的构图特征，在《辞海》中是这么解释的："构图"是美术创作者为了表现作品的主题思想和美感效果，在一定的空间，安排和处理人、物的关系和位置，把个别或局部的形象组成艺术的整体。在中国传统绘画中称为"章法"或"布局"。而装饰绘画的构图形式具有多样性，总体上来讲也是要遵循这一原则，也可根据艺术家创作的不同主题和题材来选择不同的构图形式，既可采用自由、多样的构图方式，也可以利用一些传统艺术形式中的构图方式，同时还可以借鉴其他艺术中优秀的构图法则，以求更贴近画面，并抒发作者内心的情感。而这种构图的方式也是对画面形象和结构的全面经营和探索。

装饰绘画与写实性绘画的构图在创作上有很大区别。写实性绘画多考虑透视学的知识，运用的是表现三度空间的焦点透视理论。但装饰绘画在构图上则不拘泥于固定的视点，一般是将内容、形象、表现形式组织在一个整体里进行设计，既可以采用平视体构图，也可以采用综合体构图，在创作构图上显得灵活、多样，并具有诗情画意的视觉感受和装饰性，比如张择端的传统的中国画作品《清明上河图》就是采用了这种平视体构图，把很多事和物表现出来，形态分明，具有韵味；而克里姆特的作品《阿德勒·布罗赫－鲍尔夫人》则是采用综合体构图，这种构图方式可以增加画面的丰富性，有很强的灵活性，装饰意味浓厚。

色彩，是装饰绘画艺术的一种重要表现语言。它具有强烈的主观表现性特征，浪漫而具有象征性，它有别于写实性绘画的色彩，有其独特的形式美感，它是在写实性色彩的基础上更进一步自由运用色彩的表现，它可以不依赖光源和自然物体的色彩关系，而是强化艺术家的个人感受，突出画面整体效果的表现，装饰色彩强调色彩调子和画面的整体协调关系，创作过程中可以根据个人主观感受去尽情表现，它不受客观对象的固有色彩限制，但在色彩的运用上也并非具有任意性，而是在创作中进行提炼、概括、夸张等。

色彩，犹如人的血肉之躯。在一幅艺术作品里，色彩如同燃烧的生命之火焕发出夺目的光芒，产生摄人心魄的艺术魅力。装饰绘画的色彩既可以表达个人的感情，不同的人由于性格、经历、情绪甚至所处的环境、时间的不同，对客观事物产生不同的看法，对色彩的情感和感受也不同。如"野兽派"大师马蒂斯创作的作品《舞蹈》，在色彩运用上是为了体现慰藉心灵和视觉的愉悦，它摒弃了西方传统色彩表面的模拟性和科学性的同时，把东方装饰色彩的"单纯性"和"愉悦性"引入自身情感色彩的表现之中，色彩运用有强烈的装饰性效果，整幅作品有强烈的视觉冲击力。又比如大家所熟悉的后期印象派大师凡·高的作品《向日葵》，就是他对向日葵具有特殊的感情，向日葵正好作为他人格的象征，《向日葵》整幅作品造型趋于一种平面结构，单纯饱满有序而庄严肃穆，而且装饰意味浓的艺术作品，整幅作品的装饰性色彩运用都已经融入了，是抒发他对事物的理解和独特的感情。

装饰绘画的材料特征明显，它不同于中国画或油画画种的材料使用单一，装饰绘画材料运用相当广泛，既可利用各种材料的形状、色彩、肌理等自然特征，充分发挥材质的美。一般来说装饰绘画在材料上使用卡纸、宣纸、水彩纸、绢、布等，在颜料上可用油画色、国画色、丙烯、水彩、水粉、色粉等，在其他工艺制作方面，可用漆画材料、陶质材料、金属材料、玻璃、木材、纤维、碎木片、三合板、沙子、蛋壳石等日常生活的常见物品，这些材料都打破装饰绘画原有的界限，而且每一种材料都有其自身的肌理效果，不同材料产生不同的材质美感，不同材质组合运用，产生不同的装饰效果。尤其现在很多艺术家在创作装饰绘画作品时也多采用多种形式的综合材料进行创作，很多原先意想不到的材料都可作为装饰绘画的制作材料，从而创作出好的艺术作品。

在装饰绘画的材料运用上，艺术家们都会寻求合适的材料和技法来进行对自我个性的表达。有些装饰绘画在创作过程中只是个人情感的宣泄，材料在其中具有相对独立的审美意义，甚至完全以材料为主体，以表现材质美为目的。也正因为装饰绘画的材料多样和丰富性，从而形成了一套它独特的材料特征。

装饰绘画有其多种艺术特征，它不同于写实性的绘画，它有独特的艺术语言，它既可以独立作为艺术形式存在，又可以说是现代工艺绘画作品。它既是理想化的艺术表现形式，也是人们思想感情的升华，更是在运用一种高度概括美学的艺术语言，体现艺术家的意识和审美观念的艺术形式，在装饰绘画作品中可以感悟到具象和抽象的广阔视野，也可以毫无拘束地探求艺术，可以大胆地运用夸张、变形等手法的形式美的规律，从而对自然物象进行加工，创造出具有装饰性强的艺术作品。

可以说，装饰艺术不仅时时处处美化着人们的生活，同时也潜移默化地渗透到了人们的审美观念与行为方式中，这位美的使者将文明的种子撒进了每个人的心中。

近年来，随着经济的迅猛发展，装饰艺术从艺术领域步入日常生活已经成为现代趋势，而且应用范围很广。大到建筑内外的公共空间、环境艺术设计，小到家庭居室的饰品设计，在视觉传达设计领域，还有服饰设计、产品设计等领域。装饰艺术在以上各个设计领域里大显身手，起到丰富艺术形式和增强艺术感染力的作用。装饰艺术已成为一道独特的风景线。

一个民族经过长年的文化积淀，其在装饰艺术表现中无不打上鲜明的民族审美习惯与情趣的烙印。这种行为并非一朝一夕所能成就的，也不可能被其他民族所轻易代替，它是一种民族心理的外化，更是一种民族内在情感的真实吐露与表白。可以说，任何一件优秀的装饰作品都必须体现出一个民族的审美情感，否则就难以具备民族的鲜明特色，也难于在世界艺术圣坛上找到自己的地位。鲁迅先生曾指出"越具有民族性，越具有世界意义"。

装饰艺术为我们开辟出了一个崭新的视觉领域，不仅丰富了我们的视野与形象，而且让我们拥有了一双感应形式美的慧眼，更新了我们的思维方式与观念。装饰艺术是一种完整而独立的体系，它的表现意义重大而独特。从观察、想象感受到技法、程序、材料、效果，可以看出装饰艺术区别于其他学术体系。它不仅创造出了新奇的视觉艺术美感，而且为我们精神与物质生活增添了新的光点与无尽的快乐，更为我们树立一个良好的艺术理念与合理的生活方式奠定了基础。

序

——在装饰艺术绘画中品味生活

装饰，顾名思义，即妆点、修饰、打扮。古语云："装者，藏也；饰者，物既成而加以文采也。"装饰和我们的生活息息相关，在生活的每一个细节中都有着装饰艺术的丝丝渗透与浸润。

溯源中国装饰艺术的发展，它其实是伴随着人类文明的产生而产生的。著名的瑞士美术史学者沃尔夫林就认为"艺术史主要是一部装饰史"。现代文明发展到今天，艺术、设计及装饰艺术的概念、手段和范围都发生了显著变化。装饰艺术的更新更像一面镜子，反映了整个时代的变化和进步。

装饰艺术作为建筑的审美符号已经深入建筑艺术的每个角落，成为与之相互依赖、不可分离的一个整体。不同的建筑风格产生不同的建筑装饰艺术。随着不同国家、不同民族、不同文化背景的发展，建筑装饰艺术也随之丰富多彩，演变成不同的风格。建筑艺术家对装饰艺术的把握在于对民族传统、地域文化、历史渊源的谙熟。继承、创新和发展，已是当今建筑装饰艺术的重要内容。在建筑设计如何维护和保持民族传统、地域文化的背景下，创造性地继承建筑装饰艺术日益突显出重要作用。学习、探索装饰艺术十余载，路途有艰辛、有快乐，更多的是满满的收获。每一幅作品，都是一个发现美、创造美的美好印记。在创作中进步，在进步中喜悦，在喜悦中成长。虽不是旷世杰作，却是本人对美好生活，对装饰艺术坚持不懈追求的体现。

艺术，是精神的产物。在一切形式的艺术创作中最重要的因素即艺术家个人的表现。它不是一道选择题，而是艺术家灵魂的必答题。

以上，是为序。

桂系春意

壮乡行

传统与时尚

生活二重奏

花卉

乡间秋色

荷笛

沟通

丰收

月夜

白云秋色

祥云

后山秋色

双孔雀

怡情小景

姐妹

家中小景

家中小景

家中小景

家中小景

丰收

聚会

壮乡情韵

感悟

放飞梦想

狩猎

对望

生存

荷

静物

小景怡人

守护

秋色

荷
韵

京剧脸谱

双眼

嬉戏

鱼

鱼

鱼

王城祥云

姑娘

篮中花

孔雀

孔雀

孔雀

和谐相处

荷

荷花

荷中景

牡丹

自然小景

自然小景

自然小景

自然小景

自然小景

民族姑娘

姑娘

孔雀

壮乡少女

壮乡少女

作者简介

陈良，生于 1979 年，汉族，广西北流人，副教授。2003 年本科毕业于广西师范大学美术学（装饰艺术）专业，2007 年研究生毕业于广西艺术学院设计艺术学（西南民族传统建筑与现代环境艺术设计）专业，中国建筑学会室内设计分会会员、中国美术家协会广西分会会员。研究方向为建筑室内设计及装饰绘画艺术。

一、艺术作品获奖情况

1. 2003 年，油画作品《锁》获桂林市群星艺术作品展银奖。（桂林市美术家协会主办）

2. 2003 年，装饰绘画作品《王城祥云》被广西师范大学收藏。

3. 2007 年，装饰画《祥云》获广西壮族自治区经委系统"学党章·知荣辱·促廉政"主题书画摄影展一等奖。（广西壮族自治区经济委员会主办）

4. 2008 年 3 月，设计作品《荣和山水美地室内设计》获广西最佳色彩搭配奖银奖，并在广西壮族自治区博物馆展览。（主办：中国建筑学会室内设计分会、广西建筑装饰协会）

5. 2008 年 3 月，设计作品《艺馨大酒店设计》获广西优秀商业空间设计银奖，并在广西壮族自治区博物馆展览。（主办：中国建筑学会室内设计分会、广西建筑装饰协会）

6. 2009 年 7 月，漆画艺术作品《向日葵》获庆祝中华人民共和国成立 60 周年广西美术作品展览优秀奖，并在广西壮族自治区博物馆展览。（主办：广西壮族自治区文化厅、广西壮族自治区文学艺术界联合会、广西美术家协会）

7. 2010 年 7 月，设计作品《商业空间设计》在第六届广西室内设计大赛专业组获银奖，并在广西壮族自治区博物馆展览。（主办：中国建筑学会室内设计分会、广西建筑装饰协会）

8. 2010 年 7 月，设计作品《桂林某商场展示空间》在第六届广西室内设计大赛专业

组获优秀奖，并在广西壮族自治区博物馆展览。（主办：中国建筑学会室内设计分会、广西建筑装饰协会）

二、科研成果及研究项目

1. 2011 年 5 月，主持申报"搭建'二室一场一考核'教学平台　有效提高学生职业能力"教学成果，获省级教学成果二等奖。（广西壮族自治区教育厅）

2. 2013 年 4 月，主持"高职室内设计专业'211'校企融合人才培养模式的探索与实践"获 2013 年度广西高等教育教学改革项目 A 类课题。（广西壮族自治区教育厅）

3. 2014 年 5 月，主持申报"中职建筑装饰专业'工地学校'教学模式的研究与实践"教学成果，获省级教学成果一等奖。（广西壮族自治区教育厅）

4. 2014 年 9 月，主持申报"中职建筑装饰专业'工地学校'教学模式的研究与实践"教学成果，获国家教学成果二等奖。（中华人民共和国教育部）

5. 2014 年 10 月，主持课题"民族掐丝工艺品课程开发与教学研究"，获西部职教项目重点课题。（国家教育部职业技术教育中心研究所）

6. 2015 年 2 月，主持"壮族织锦技艺传承与发展的研究"，获 2015 年广西高校科学技术研究项目（人文社科类）立项。（广西壮族自治区教育厅）

7. 截至 2015 年 5 月，参与 20 多项省级教学科研课题研究。

三、主编、参编出版教材

1. 2010 年 8 月，编写出版首批国家示范性高职院校工学结合特色教材《三大构成》。（第二著者）（广西美术出版社）

2. 2014 年 12 月，编写出版首批国家示范性高职院校工学结合特色教材《3DSMAX 软件设计实训》。（第一主编）（广西美术出版社）

3. 2014 年 12 月，编写出版首批国家示范性高职院校工学结合特色教材《Photoshop 软件设计实训》。（第二主编）（广西美术出版社）

4. 2015 年 1 月，编写出版首批国家示范性高职院校工学结合特色教材《包装设计与实训》。（第一主编）（广西美术出版社）

5. 2015 年 5 月，编写出版教材《民族掐丝工艺品设计与制作》。（第一主编）（广西师范大学出版社）

6. 2010—2015 年，担任广西美术出版社组织编写的首批国家示范性高职院校工学结合特色教材（共 10 本）编委。

7. 2013—2015 年，担任湖南大学出版社组织编写的高职高专室内设计专业"十二五"规划教材（共 8 本）编委。

8. 2015 年，担任辽宁美术出版社组织编写的学前教育专业美术类教程（共 3 本）编委。

四、论文及艺术作品发表

1. 论文《高职室内设计专业构建"2+1+1"校企融合人才培养模式的探讨》发表在《广西教育》（高等教育）（广西优秀期刊）2004 年第 10 期。（主办：广西壮族自治区教育厅）

2. 论文《高职室内设计专业校企合作共赢机制建设实践研究》发表在《艺术时尚》

2004 年 11、12 期合刊。（主办：江苏省文学艺术界联合会）

3. 论文《高职高专室内设计专业人才培养现状分析》发表在《中国文艺家》2014 年第 9 期。（主办：中国文学艺术界联合会）

4. 论文《广西民族元素在掐丝工艺画中的运用》发表在《艺术品鉴》2014 年 12 月期合刊。（主办：陕西出版传媒集团）

5. 艺术作品 3 幅发表在《艺术百家》（中国人文社会科学核心期刊、中文社会科学引文索引全国中文核心期刊）2015 总第 142 期。（主办：江苏省文化艺术研究所）

6. 论文《职业院校室内设计专业推行校企联合培养的现代学徒制探索》发表在《高教论坛》（广西优秀期刊）2015 年第 2 期。（主办：广西高等教育学会）

7. 论文《论现代室内设计中装修材料的质感运用》发表在《美术大观》［中国期刊方阵双效期刊，中国核心期刊（遴选）数据库收录］2015 年第 4 期。（主办：辽宁美术出版社）

8. 设计作品 4 幅发表在《美术大观》（中国期刊方阵双效期刊，中国核心期刊（遴选）数据库收录）2015 年第 5 期。（主办：辽宁美术出版社）

9. 论文《中国传统色彩文化在现代壁画艺术中的体现》发表在《芒种》2015 年 6 月（第 11 期）。（全国中文核心期刊、辽宁省一级期刊）（主办：沈阳市文学艺术界联合会）

10. 论文《论装饰绘画的艺术特征》发表在《美术界观》（综合性美术期刊）2015 年第 6 期。（主办：广西文学艺术联合会）